BEI GRIN MACHT SICH IHR WISSEN BEZAHLT

- Wir veröffentlichen Ihre Hausarbeit, Bachelor- und Masterarbeit

- Ihr eigenes eBook und Buch - weltweit in allen wichtigen Shops

- Verdienen Sie an jedem Verkauf

Jetzt bei www.GRIN.com hochladen und kostenlos publizieren

Bibliografische Information der Deutschen Nationalbibliothek:

Die Deutsche Bibliothek verzeichnet diese Publikation in der Deutschen Nationalbibliografie; detaillierte bibliografische Daten sind im Internet über http://dnb.d-nb.de/ abrufbar.

Dieses Werk sowie alle darin enthaltenen einzelnen Beiträge und Abbildungen sind urheberrechtlich geschützt. Jede Verwertung, die nicht ausdrücklich vom Urheberrechtsschutz zugelassen ist, bedarf der vorherigen Zustimmung des Verlages. Das gilt insbesondere für Vervielfältigungen, Bearbeitungen, Übersetzungen, Mikroverfilmungen, Auswertungen durch Datenbanken und für die Einspeicherung und Verarbeitung in elektronische Systeme. Alle Rechte, auch die des auszugsweisen Nachdrucks, der fotomechanischen Wiedergabe (einschließlich Mikrokopie) sowie der Auswertung durch Datenbanken oder ähnliche Einrichtungen, vorbehalten.

Impressum:

Copyright © 2012 GRIN Verlag
Druck und Bindung: Books on Demand GmbH, Norderstedt Germany
ISBN: 9783668710054

Dieses Buch bei GRIN:

https://www.grin.com/document/426795

Dennis Schindeldecker

Schlaf. Bedeutung und Funktion für den Menschen in Bezug auf Leistungsfähigkeit und Selbstorganisation

GRIN Verlag

GRIN - Your knowledge has value

Der GRIN Verlag publiziert seit 1998 wissenschaftliche Arbeiten von Studenten, Hochschullehrern und anderen Akademikern als eBook und gedrucktes Buch. Die Verlagswebsite www.grin.com ist die ideale Plattform zur Veröffentlichung von Hausarbeiten, Abschlussarbeiten, wissenschaftlichen Aufsätzen, Dissertationen und Fachbüchern.

Besuchen Sie uns im Internet:

http://www.grin.com/

http://www.facebook.com/grincom

http://www.twitter.com/grin_com

Schlaf ?!

Bedeutung und Funktion für den Menschen in
Bezug auf Leistungsfähigkeit und Selbstorganisation

Präsentation als Leistungsnachweis
in Modul Selbstorganisation & Zeitmanagement

Dennis Schindeldecker
Mannheim, den 08.12.2012

Agenda

1. **Schlaf**
   - Was ist Schlaf?
   - Der Schlafzyklus
   - Schlafdauer und Verteilung
   - Träume
   - Bedeutung und Funktion von Schlaf

2. **Auswirkungen von Schlaf auf den Wachzustand**
   - Folgen von zu wenig Schlaf
   - Biologische Leistungskurve des Menschen
   - Circadiane Rythmus und Chronotypen

3. **Fazit und Zusammenfassung**

Was ist Schlaf?

- „Der Schlaf ist doch die köstlichste Erfindung."
  - Heinrich Heine

- Schlaf geht auf evolutionäre und biologische Grundlage zurück
- Ein drittel unseres Lebens verbringen wir im Bewusstseinszustand der Ruhe: dem „Schlaf"

- Zwei grundsätzliche Schlafphasen
  - REM-Schlaf
  - NREM-Schlaf
  (vgl. Dement u. Kleitmann (1957))

Der Schlafzyklus

- Während des Schlafes werden unterschiedliche Schlafzyklen durchlaufen. Gehirnaktivitäten in den Zyklen:
  (vgl. Dement/Kleitmann (1957), Zimbardo/Gerrig (2003))

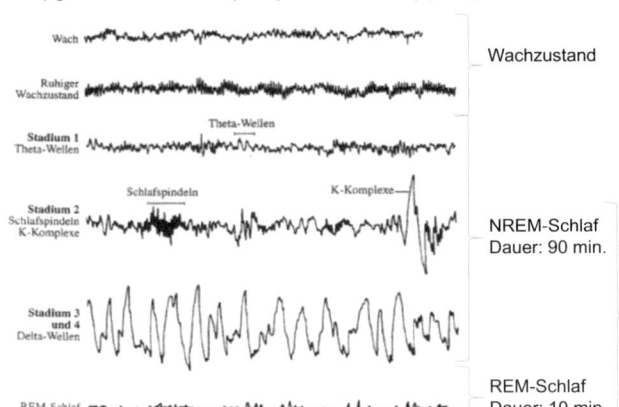

Wachzustand

NREM-Schlaf
Dauer: 90 min.

NREM-/ & REM-Schlaf werden als „Basic Rest Activity Cycle" bezeichnet.

4 – 6 mal pro Schlaf

REM-Schlaf
Dauer: 10 min.

Schlafdauer und Verteilung

- Schlafdauer und Anteil der Schlafphasen ist abhängig von: (vgl. Zimbardo/Gerrig (2003))
  - Handlungen im bewussten Zustand
  - Zeitpunkt des Schlafes
  - Persönliche Schlafdauer
  - Alter

- Unterschiede in Persönlichkeit zwischen Personen die länger bzw. kürzer als der Durchschnitt schlafen (vgl. Hartmann (1973))

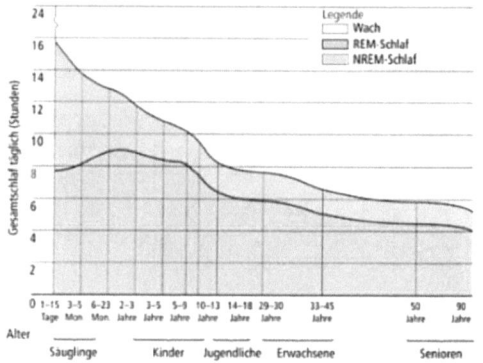

Träume

- Träume treten primär während der REM-Phasen auf

- Grundsätzliche Unterschiede bei Trauminhalten zwischen Mann und Frau

- Trauminhalte sind abhängig von: (vgl. Tholey (1995))
  - Reize aus der Umwelt des Schläfers
  - Eindrücke des vergangenen Tages
  - Allgemeine Lebenssituation
  - Erinnerungen und Komplexe aus der Kindheit

Bedeutung und Funktion des Schlafes

- Theorien der Funktion des Schlafes für den Menschen:

    - Erhaltung von nicht benötigten Energiereserven
      (vgl. Cichinetti (1976); Cartwright (1982); Webb (1974))

    - Wiederherstellung des Energiehaushaltes durch Bildung von Neurotransmittern
      (vgl. Stern u. Morgane (1974))

    - Verarbeitung / Aussortieren der über den Tag gesammelten Informationen
      (vgl. Crick u. Mitchison (1983))

    - Aufbau funktionaler Strukturen im Gehirn
      (vgl. Cartwright (1978); Dement (1976))

Agenda

1. **Schlaf**
    - Was ist Schlaf?
    - Der Schlafzyklus
    - Schlafdauer und Verteilung
    - Träume
    - Bedeutung und Funktion von Schlaf

2. Auswirkungen von Schlaf auf den Wachzustand
    - Folgen von zu wenig Schlaf
    - Biologische Leistungskurve des Menschen
    - Circadiane Rythmus und Chronotypen

3. **Fazit und Zusammenfassung**

Folgen von zu wenig Schlaf

- Zu wenig Schlaf hat ernstzunehmende negative Folgen auf den Wachzustand: (vgl. Hartmann (1973); Horne (1988); Kleitmann (1939))

Verminderte Leistungsfähigkeit:
- Reduktion von Aufmerksamkeit, Konzentration, Reaktionszeiten
- Probleme bei Kopfrechnen, logisches Argumentieren und dem Gedächtnis

Erhöhtes gesundheitliches Risiko
- Stress, Bluthochdruck und Reizbarkeit
- Kohlenhydratwechsel und Hormonsystem arbeiten nicht wie vorgesehen
- Geschwächtes Immunsystem

Biologische Leistungskurve

- Biologische Leistungskurve beschreibt die unterschiedliche Leistungsfähigkeit des Menschen über den Tagesverlauf

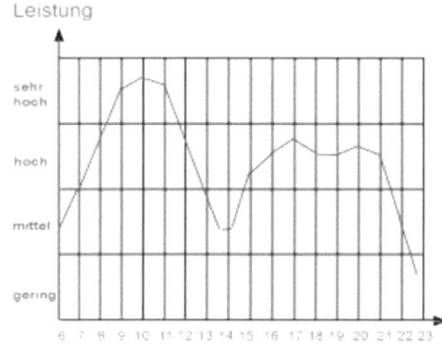

- Verteilung der täglichen Handlungen und des Schlafes gemäß Leistungskurve bringt Produktivitätsvorteile

Circadiane Ryhtmus und Chronotypen

- Tag-Nacht-Rhythmus (Circadiane Ryhtmus)
  (vgl. Moore-Ede (1982) (1993))
    - „Innere Uhr" des Menschen
    - Stoffwechsel, Herzschlag und Körpertemperatur richten sich nach Tag-Nacht-Rythmus
    - Steuerung durch externe Reize
- Zwei Chronotypen:
    - Lerche (Frühaufsteher)
    - Eule (Langschläfer)

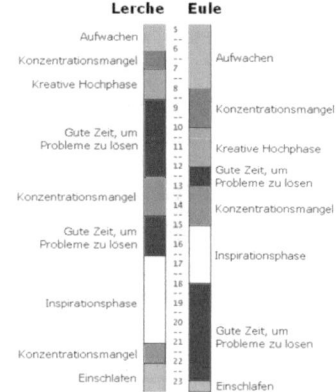

Agenda

1. **Schlaf**
    - Was ist Schlaf?
    - Der Schlafzyklus
    - Schlafdauer und Verteilung
    - Träume
    - Bedeutung und Funktion von Schlaf

2. **Auswirkungen von Schlaf auf den Wachzustand**
    - Folgen von zu wenig Schlaf
    - Biologische Leistungskurve des Menschen
    - Circadiane Rythmus und Chronotypen

3. Fazit und Zusammenfassung

Fazit und Zusammenfassung

Fazit / Zusammenfassend:

- Schlaf ist elementar und unersetzlich
  → Schlafmangel führt zu gesundheitlichen Folgen und Leistungsnachlass
- Schlaf und tägliche Handlungen sollten sich am eigenen Chronotyp und der biologischen Leistungskurve ausrichten
  → Steigerung der Leistungsfähigkeit
- Ausgestaltung des Schlafes von vielen beinflussbaren Faktoren abhängig

„Die meisten wissen gar nicht, was sie für ein Tempo haben könnten, wenn sie sich nur einmal den Schlaf aus den Augen rieben."
- Christian Morgenstern

Literaturverzeichnis

- Allison, T. & Cicchetti, D. (1976): „Sleep in mammals: Ecological and constitutional correlates" in Science, Vol. 194, S. 732-734
- Moore-Ede, M. (1993): „The twenty-four-hour society: Understanding human limits in a world that never stops"; Massachusetts: Addison-Wesley.
- Moore-Ede, M. C., Sulzmann, F.M. & Fuller, C.A. (1982): „The clocks that time us. Physiology of the circadian timing system"; Cambridge: Harvard University Press.
- Loomis, A.L. Harvey, E.N. & Hobart, G.A. (1937): „Cerebral states during sleep as studied by human brain potentials" in Journal of Experimental Psychology, Vol. 21, S. 127-144
- Dement, W.C. & Kleitmann, N. (1957): „Cyclic variations in EEG during sleep and their relations to eye movement, body mobility and dreaming" in Electroencephalography and Clinical Neurophysiology, Vol. 9, S. 673-690
- Stern, W.C; & Morgane, P.S. (1974): „Theoretical view of REM sleep function: Maintenance of catecholamine systems in the central nervous system" in Behavioral Biology, Vol. 11, S. 1-32.
- Moffit , A., Karmer, M. & Hoffmann, R. (1993): „The functions of dreaming"; Albany: State University of New York Press.
- Cartwright, R.D. (1978): „A primer on sleep and dreaming"; Massachusetts: Addison Weasley
- Dement, W.C. (1976): „Some must watch while some must sleep"; San Francisco: San Francisco Book Co.
- Horne, J.A. (1988): „Why we sleep: The functions of sleep in humans and other mammals"; Oxford: Oxford University Press.
- Hartmann, E.L (1973): „The functions of sleep"; New Haven, CT: Yale University Press.

Literaturverzeichnis

- Kondo., T., Antrobus, J. & Fein, G. (1989): „Later REM activation and sleep mentation" in Sleep Research, Vol. 18, S. 147.
- Begley, S. (1989): „The stuff that dreams are made of" in Newsweek, S. 41-44
- Freud, S. (1977): „Die Traumdeutung"; Frankfurt: Fischer. (Erstausgabe 1900)
- Cartwright, RD. (1982): „The shape of dreams" in 1983 Yearbook of Science and the future. Chicago: Encyclopaedia Britannica
- Webb. W.B. (1974): „Sleep as an adaptive response" in Perceptual and Motor Skills, Vol. 38, S. 1023-1027
- Crick, F. & Mitchison, G. (1983): „The function of dream sleep" in Nature, Vol. 304, S. 111 - 114
- Kleitmann, N. (1939): „Sleep and Wakefulness"; Chicago: University of Chicago Press
- Zimbardo, P.G. & Gerrig, R.J. (2003): „Psychologie"; Berlin, Heidelberg: Springer-Verlag
- Tholey, P. (1995): „Schöpferisch träumen: wie Sie im Schlaf das Leben meistern: der Klartraum als Lebenshilfe"; Niederhausen: Falken Verlag GmbH

BEI GRIN MACHT SICH IHR WISSEN BEZAHLT

- Wir veröffentlichen Ihre Hausarbeit, Bachelor- und Masterarbeit

- Ihr eigenes eBook und Buch - weltweit in allen wichtigen Shops

- Verdienen Sie an jedem Verkauf

Jetzt bei www.GRIN.com hochladen und kostenlos publizieren